M I T S U M I N E

三 峯 神 社

写真 山崎エリナ　協力 三峯神社

グッドブックス

三峯神社

三峯神社

MITSUMINE

はるか一千九百年もの昔から
人々の祈りとともにあった聖地

神々と人々をつないで
今日も太鼓の音と祈りの声が鳴り響く
ようこそ、
神の氣みちる三峯の世界へ――

三峯神社 〈目次〉

神々の章

Kamigami

やっとたどり着いた山頂、
すがすがしい氣が
私をつつむ。

何かに導かれるように……

光の向こうは、お仮屋

巫女《みこ》の舞に神降りる。

霊氣に浄められ、
手を合わせた。

縁起

今から千九百年ものむかし、
第十二代景行天皇は、
皇子日本武尊《やまとたけるのみこと》を
東国平定に遣わされました。
その帰り道、
甲斐の国（山梨県）から
上野《こうずけ》の国（群馬県）をへて、
碓氷《うすい》峠に向かわれる途中、
この山に登られました。
このときに
道案内をしたのが狼です。

春まだ浅い四月七日の宵《よい》、
山頂に立たれた尊《みこと》は
清く美わしい山河をご覧になり、
神代のむかし、
伊弉諾尊《いざなぎのみこと》と伊弉冉尊《いざなみのみこと》が力を合わせて
国をお産みになったご神業をしのび、
この地に仮宮を建てて二神をお祀りし、
国の平和と人々の幸せを
お祈りになりました。

その後、景行天皇は当山にご登拝になり、
雲取・白岩・妙法の三山が、
高く美しく連なっている様を称えられ、
お社《やしろ》には「三峯宮」とご命名になりました。
これが三峯の名の起こりとなっています。

神のお使い「お犬さま」

鳥居の両脇や参道、遙拝殿、社殿の中など、いたる所にいらっしゃる「お犬さま」。お犬さまと言っても、こちらは狼です。

魔除けのための狛犬と違い、三峯神社の狼は、信仰の対象で、これを御《ご》眷属《けんぞく》信仰と言います。

御眷属とは、春日大社の鹿、八幡宮の鳩、日吉神社の猿、稲荷神社の狐などと同様に、「神のお使い」の働きをする存在なのです。

三峯神社のお犬さま像は、威厳のあるものから、かわいい猫のようなものまで、さまざまな姿形をしています。また、石像もあれば、青銅製や陶器でできたものまで。なぜ一つひとつ違うかというと、これらはすべて崇敬者の寄進によるものだからです。三峯を信仰する人々が、自分で彫り上げたり鋳造したりして、ここまで運んできたのです。

お犬さまの霊力

三峯山で御眷属信仰が始まるのは江戸時代中期のこと。

時の山主、日光法印が庵で静かに端座していたところ、どこからともなく狼が群れをなして現れた。そこで法印は、狼の姿を描いたお神札《ふだ》を作り、猪鹿除《いじかよ》けの神札として諸国に出します。たちまち霊験が現れ、お神札を求める人々が続々とお山に登ってきたと伝わっています。農業を営む人々にとって、猪や鹿は田畑の作物を荒らす厄介な存在。それを追い払ってほしいとの人々の切実な願いが狼信仰につながっていったのです。

山間の農村部から始まった御眷属信仰は、やがて、火防・盗賊除けのご霊験も加わり、江戸市中に広がっていきます。大火にたびたび見舞われた江戸の人々の火事への恐れも相まって三峯の御眷属信仰もいっそう高まり、ついには徳川将軍家にお神札を献上するほどに。ちなみに、当時のお神札には「御犬一疋《ぴき》」と書かれてありました。
その御眷属（お犬さま）をお祀りしているのがお仮屋（近宮と遠宮）で、毎月十日（近宮）と十九日（遠宮）に御焚上《たきあげ》祭が執りおこなわれ、そこには小豆飯にお酒をかけたものが供えられますが、それがきれいに無くなっていたということがたびたびあるとのことです。

御眷属をお祀りするお仮屋（遠宮）。
霊力の高い場とされている。

氣の章

Ki

いまだ薄暗い早朝の森に、
祝詞《のりと》奏上の声が響き渡る。

それに応えるかのように、
おごそかな光が天から降りそそぐ。

木々のあいだから届く澄んだ光。

木々の葉がさわさわと揺れ、
風がほほを伝う。
その瞬間、列車がごおーーっと
通り抜けるかのように、
大きな風のかたまりが
全身をつつんで、走り去った。

これが、龍脈?
龍神さまの通り道。

むすぶ、
つなぐ、
奇《く》しき
いのちとご縁

神楽殿

七夕の神事

空を見上げて、
十五夜
雨雲に隠れていたお月様
二つのご神木のあいだから
輝きを放った、奇跡

龍と三峯

三峯山は龍脈（龍の通り道）上にあって、山々の強い運気が流れ込む場であるといわれています。二〇一二年の辰年に、拝殿前の敷石に突如として龍が現れ、話題となりましたが、境内には、龍の彫刻や絵画がいたるところにあります。

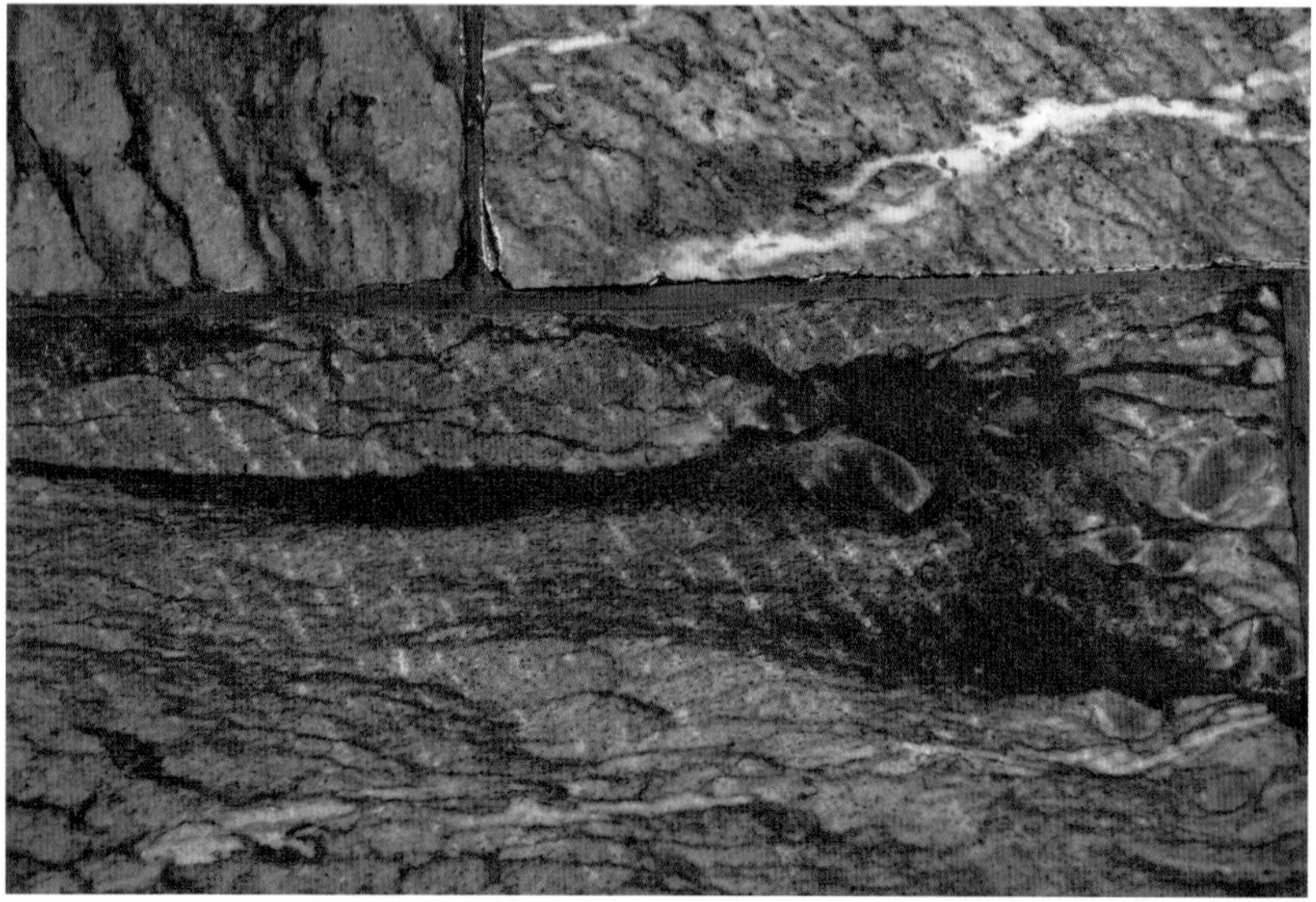

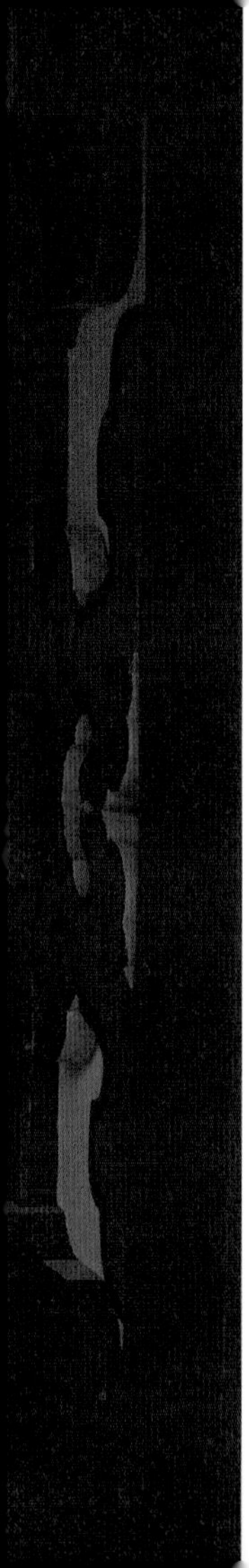

随身門の天井画
江戸後期の画家、宋紫山の作。

白い氣守り

　毎月朔日（一日）になると、三峯の山はいちだんと賑やかになります。朔日だけに配布される「白い氣守り」を受けようと大勢の人々が三峯を目指すためです。

　氣守りの中には、三峯の神域で育ったご神木が入っています。しかも、朔日の早朝にお祓いをしたもの。さまざまな霊験が語られる「白い氣守り」は、お祓いをしてすぐのお守りなのです。

氣
守
三峯神社

中山高嶺・三峯神社宮司に聞く

神と人をつなぐ

人里離れた山頂にあって、しかも年中無休という三峯神社。中山高嶺宮司にその魅力と山中ならではのご苦労をうかがいました。

――三峯神社の魅力とは？

この神社の魅力は、ひと言で表すと、この山に充満する空気感でしょう。私自身、このなんとも言えない空気感はいったい何だろうと考えてきて、やはり「霊氣」とか、神さまにつながる「神氣」としか表せないと思い至ったわけです。

拝殿前のご神木に触れている方が多くいらっしゃいますね。あれはご神木から発散される氣を全身で受けておられるのです。

氣といえば「白い氣守り」がたいへんな人気ですが、白にはどんな意味があるのでしょうか？

白は古くから太陽の光の色と言われ、神聖な色なんです。穢《けが》れを忌む祭儀の装束にも白が使われます。

また、白には再生という意味もあり、物事の始まりを表す色でもあるのです。月がスタートする朔日に頒布するのは、このような意味が込められています。

宮司は、日ごろどんなことを大切にされていますか？

遠近各地よりこの奥地に参拝される方々は、切実な願いをもって来られる方が多いはずです。神職はじめ職員全員がそれに報いる気持ちを持たなければなりません。

神職がおこなう祈りには、神への感謝と、人々の願いを叶えてくださいとの二つの祈りがあります。特に成就したい願いがある方に対しては、われわれ神職が仲を取り持って神さまにお願い申し上げる。これが神と人をつなぐ中取り持ちとしての神職の役割です。若い神職であろうがこの役割は果たさねばならない。だから、常日頃の修行が大切なのです。

――山の中の神社ならではのエピソードはありますか？

毎月一日の『白い氣守り』頒布の日の出来事ですが、車で上ってこられた方が駐車場で倒れられたと社務所に連絡が入りました。職員が容態を聞いて救急に連絡しましたが、病院まで数十キロあり、道路は長い渋滞ができていたため、職員がＡＥＤの処置を施しました。その後、この方は元気になられました。

こういう時のために、職員はＡＥＤの取り扱いの講習を受けています。周辺には病院も、警察・消防署もありませんし、急病人のお世話から、周辺警備、消火訓練、冬になると除雪作業もおこないます。元はと言えば、必要に迫られてやっていることなのです。

――三峯神社を訪れる方々に一言お願いできますか？

お山には良い氣が充満しています。多くの方にこの霊氣に触れ、神さまに向き合っていただきたい。きっと、自分の願いが神さまに届いたという気持ちになるはずです。

叶えたい願いがないという方も、ここでおいしい空気を体いっぱいに吸って、英氣を養っていただきたい。氣こそ活力の元ですから。

今年（平成三十年）は戌年です。日本武尊をここに導いてきたお犬様にあやかって、より良い道を進むことができるよう、お参りするのもよいかと思います。良き運はおのずとついてくるものです。

祈りには、神への感謝の祈りと、神さまへ願いを叶えてほしいとの二つの祈りがあります。願いに対しては、神職が仲を取り持って神さまに申し上げる。

これが神と人をつなぐ神職の役割です。

平地より遅れて、
お山にも春がやってくる。
木々はいっせいに芽吹き、
草花も次々と開花。
山全体がよろこびにつつまれる。

三峯山に生息する190種類もの草花が描かれた
拝殿の天井画。大野百樹画伯の作。

美しい神のお社

深い山中に、ひときわ目を引く色鮮やかな社殿。柱や壁は黒や朱の漆で、欄干に施された彫刻は極彩色に塗られています。霧の深いこの山では、建物を保護する役割も果たしているのです。本殿・拝殿・随身門の修復から十年以上がたった今、もっとも美しい時期を迎えています。

祈りの章

Inori

神道は禊《みそ》ぎに始まり、
禊ぎに終わる。
ここ三峯神社では、
例大祭などの祭典の前は、
嗜好品や肉食を絶って
祭りにのぞみます。

三峯神社

祈りの灯

鑚火神事によって起こした火

ひとつの火を分け合い、
みんなの祈りが飛び交う。

朝のお勤め

早朝、「ドン、ドン」という大太鼓の音を合図に朝の祈りが始まります。真冬になると零下になることも多い拝殿には暖房も冷房もありません。三方の戸は開け放たれ、風がスーッと入ってきます――。

一年三百六十五日、一日も欠かさずおこなわれているのが、朝一番に神への感謝の祈りを捧げる「日供祭《にっくさい》」です。

狩衣《かりぎぬ》に身を包んだ神職たちが神前へ。座る所作、神への拝礼、立ち居振る舞いのすべてが美しい!

神職が太鼓を打ちながら唱えるのは祓《はら》いの祝詞。太鼓の音と祝詞のリズムがみごとに調和。その最中に祭主が着座。そこでまた、全員で禊《みそ》ぎ祓いの祝詞が始まります。次に大祓いの祝詞。その後、祭主はじめ神職が大麻《おおぬさ》で自らを祓い、その後、参列者のお祓いをおこないます。

祭主による祝詞奏上は、神への感謝の祈りに続いて祈願文に入ります。最後に参列者が玉串《たまぐし》を奉納して、終了します。この日供祭に参列しようと、前日から泊まって参拝する人が多くいます。

奉納
奉納

新嘗祭（豊作への感謝の祈り）

新嘗祭《にいなめさい》は宮中祭祀の一つ。十一月二十三日、天皇陛下が神々に新穀を供えて収穫への感謝の祈りを捧げ、自らも召し上がるお祭りです。三峯神社でも、それに合わせて新嘗祭をおこないます。春の祈年祭で農作物の豊作を祈り、それを叶えてくださった神への感謝の神事です。

前日から潔斎精進し、正服に身を包んだ神職は、手水を受けた後、祓戸《はらいと》に進みます。

祓戸では祓戸の神に祈り、身を清める儀式をおこないます。

その後、新嘗祭をとりおこなう本殿・拝殿へと進みます。

祭主が本殿へと進み、神職たちは、三方に盛られたお供えの農作物を次々に神前（本殿）へと運び込みます。

神への感謝の祝詞が祭主によって奏上されたのち、神様に見ていただくための巫女の舞がおこなわれます。

歴史の章

Rekishi

神社のあるところには必ず水があります。
こんな山頂にも、湧き水が絶えることなく音を立てています。周囲の高い山々からの水脈があるのです。
一千九百年も前に、
それを発見した先人はすごいと思います。

——中山高嶺宮司

真清水の流れは永遠に
絶ゆることなく流れ続き、
三峰山内に甘き水清き水を
授けたまひ配りたまへ
と、かしこみかしこみも白《まお》す

——水神様への祝詞の一部

山深き三峯の静寂な場に身を置くと、
日本武尊《やまとたけるのみこと》の声が聞こえる。

やまとは
国のまほろば
たたなづく青垣
山こもれる
やまとしうるわし

一千九百年の栄枯盛衰

三峯山の歴史はけっして平坦な道のりではありませんでした。なにしろ、周りには平らな土地がほとんどなく、冬は深い雪に閉ざされてしまいます。そのような環境のもと、お山を維持していくことは大変なことでした。縁起以降の歴史をかいつまんで見てみましょう。

古代――役行者が修行し、弘法大師がお堂を建てる

飛鳥時代には、修験の祖、役行者小角《えんのぎょうじゃおづの》が、伊豆から三峯山に往来して修行をし、このころから三峯山に修験道が始まったと伝えられています。

その後、都に疫病が流行し、聖武天皇は諸国の神社に病気平癒を祈られました。このとき、三峯宮には勅使として葛城好久公が遣わされ、「大明神」の神号を賜りました。

平安時代に入るころ、勅命により弘法大師が十一面観音像を刻み、三峯宮の脇に堂を建て、天下泰平・国家安穏を祈ってお宮の本地堂としました。

こうして三峯山は徐々に仏教色を増し、神仏習合の山となり、神前のお祭りも僧侶の奉仕することが、明治維新まで続いたのです。

中世――武士の厚い信仰と衰退、そして再建

三峯山の信仰が広まった鎌倉時代には、畠山重忠、新田義貞をはじめとする東国武士の篤い崇敬で、お山は隆盛を極めます。重忠は、十里四方の土地を寄進。拝殿前の大杉も重忠奉納のものとされています。しかし、新田義貞・義宗等が足利氏を討つために兵を挙げ、戦い敗れてこの山に身を潜めたことから、基氏の怒りにふれて社領を奪われ、山主も絶えて、衰えた時代が百四十年も続きました。

室町時代末期、修験者月観道満《どうまん》は、お山の荒廃を嘆き、二十七年という長い年月をかけて全国を行脚して、復興資金をつのり、社殿や堂宇の再建を果たしました。

のち、山主は京にのぼり、聖護院宮家に山の実状を奏上。宮家からは後奈良天皇に上奏され、「大権現」の称号をたまわり、三峯山は坊門第一の霊山となりました。以来、聖護院派天台修験の関東総本山となり、観音院高雲寺と称しました。

江戸時代――御眷属信仰はじまる

江戸時代になると、徳川将軍家をはじめ武家の崇敬もあり、特に新田開発に力を尽くした関東郡代伊那家の信仰は厚く、家臣が奉納した銅板絵馬は逸品と言われています。

寛文元年（一六六一）には、現在の本殿が建立されましたが、繁栄していたお山も、宝永七年（一七〇一）、山主の覚雄法印没後、山主に恵まれず、十年間も住職のいない状態となり、宝物等は四散し、社殿・堂宇も破損が見られるようになりました。

やがて、江戸中期には日光法印が山主となり、復興に尽くしました。「お犬さま」と呼ばれる御眷属信仰が遠い地方まで広まり、社頭も整えられ、今日の三峯山の基礎固めがなされた時代です。

観音院第七世の山主は京都花山院家の養子となり、現在の社紋「あやめ菱」は花山院家の紋所であります。

天台修験総本山の地位が固まり、三峯講も広がる

代々の山主は社領の繁栄につとめ、天台修験関東総本山としての地位も高まり、やがて幕府より十万石の格式をもって遇されるようになりました。

以来隆盛を極め、信者も全国に広まり、三峯講が組織され、三峯山の名は全国に知られるようになりました。

神仏分離令により純然たる神社となる

明治に入り、神仏分離令により、三峯山は寺院を廃して純然たる神社に復し、「三峯神社」となりました。

秩父の山々を愛され、宮号にまでなさった秩父宮殿下もたびたび三峯神社にお登りになり、ご結婚後にはご夫婦で六日間滞在なさっています。その建物が博物館横の秩父宮台臨記念館です。

命がけの登拝

今のように車道もロープウェイもなかったころ、人々は、険しい山を歩いて三峯をめざしました。

江戸からのルートは三通りあり、おおよそ二泊三日の行程。また、甲州（山梨県）や信州（長野県）からの道、二千メートル級の雲取山を越えて来る道は、途中、山賊に襲われて金銭を奪われ、いのちも奪われるかもしれない、関所を通してくれないかもしれない。そうした覚悟がなければ登れない山でもあり、人々は、水杯を交わして登ったともいわれます。

祖霊社

境内には三峯山を守ってきた先人をはじめ、神社関係者、講元さん方の御霊《みたま》を祀る祖霊社があり、毎日供養の祝詞が上げられています。

修験の道をここに開いた月観道満をはじめ、御眷属信仰を普及させた日光法印など、中興の祖、歴代の山主ほか神社に功績のあった人々が祀られています。先人たちのお山への深い信仰心が、霊氣を呼んでいるのかもしれません。

神領の民

ついひと昔前までは、三峯神社のそばには、南向きの斜面を切り開き、神領の民と呼ばれる人々が数十軒、家を構えていました。

人々は、豆腐屋、下駄屋、鍛冶屋など、三峯山の仕事にかかわって生計を立てており、運命共同体的存在でした。かつて朝のお勤めの際の巫女舞は神領の小学生の女の子の役割でもあったのです。

三峯講

神社の講といえば、伊勢講が有名ですが、三峯神社にも講が組織され、各地の人々が定期的に登拝しています。

三峯で講が組織されたのは江戸時代。幕府からは十万石の格式をもって遇されるようになったのち、だんだんと信者が全国に広まり、講が組織されていったのです。

同じ町内などで組織されることはもちろんのこと、例えば、築地の漁業関係者や、木場の材木関係者、神田の書店関係者など、同業者で組織されるのも三峯講の特色です。

小川三峯講
信州
三峯山

修験と三峯

かつて修験の関東総本山として栄えた三峯山。その時代の伝統を継ぐのが神社内にある「修行部」です。清浄の滝では、寒みそぎをはじめ、定期的に「禊《みそ》ぎの会」をおこなっています。滝行というと、心身の穢れを落とすと捉えがちですが、禊ぎはもちろんのこと、本来もっている生命力を引き出すことも大きな目的だといいます。

極真空手の創始者・大山倍達《ますたつ》も毎年正月に三峯神社で稽古をおこなってきました。その伝統は今に引き継がれ、世界各地から数百名もの空手家がやって来て、稽古と共に滝に打たれます。

神主さんの一日

全国八万社ある神社の中で三峯神社は、山の頂にありながら年中無休という、ほとんど唯一無二の神社です。ここの神主さんはどんな日常を送っているのか、禰宜《ねぎ》の逸見《へんみ》房雄さんの一日を追いかけさせていただきました。

①朝の出勤時。職員専用の出入り口に置かれたお祓《はら》い串で自ら浄め、鏡で身なりや顔をチェック。

②朝のお勤め。朝一番におこなわれる神への感謝の祈り。おのずと気合いが入ります。拝殿での祈りの後は、外に出て、祖霊社、摂社・末社にも祈りを捧げます。

③社務所での仕事。外部からのお客様やメディア取材の窓口のお役も果たされている逸見さんは、調整や連絡で神社内をあちこち走り回っていました。

④昼食　職員の皆さんは専用の食堂でお食事。

⑤御祈願　拝殿内での御祈願を希望される参拝者に祝詞をあげて神に願いを届けます。

⑥時間になると、警備に出発。徒歩組と館内組、車での警備組の三手に分かれて、山や境内の警備に当たります。また、宿泊の皆さんが安心して過ごせるよう常日頃から心がけておられるとのことです。

②

③

①

⑥

⑤

三峯神社の正式参拝ルート

一、三ツ鳥居から入る ①

三峯神社の正門にあたるのが三ツ鳥居です。その先は神域ですので、軽く礼をして進みます。

二、随身門をくぐる ②③

参道を進むと、左手に「三峰山」と大きく書かれた赤い随身門があります。階段を降りて、これをくぐり抜けます。

三、手水舎で手や口を清める ④⑤

随身門を道なりに進むと突き当たり、右手の階段を上ります。その途中に手水舎がありますので、ここで、手や口をすすいで拝殿前に進みます。手水の作法は左ページ参照。

四、拝殿前では、二拝二拍手一礼 ⑥

二拝二拍手一礼のしかたは左ページ参照。

①

②

③

④

⑤

⑥

祈りの作法

◎鳥居をくぐる

鳥居は神域への入り口。鳥居の手前で軽く一礼してくぐります。帰る際も、お宮に向かって軽く一礼します。鳥居の真ん中は神様の通り道なので、中心を避けてくぐりましょう。

◎手水の作法

拝殿のそばにある手水舎で手や口を清めてから参拝します。ひしゃくに直接口をつけるのはNGです。はじめに、ひしゃくで水を汲み、片手ずつ洗い、次に、手のひらに受けた水で口をすすぎます。最後に、水を汲んだひしゃくを手前に傾けてひしゃくの柄を洗い、元に戻します。

◎拝殿前の手の合わせ方　二拝二拍手一礼

拝殿の前に立ったら、姿勢を正し、九〇度に腰を折って二度お辞儀をします。次に手を合わせて拍手を二回します。感謝や祈りの思いを捧げた後、一礼します。

＊お賽銭は、先に済ませます。

◎昇殿参拝（正式参拝）のしかた

本気で成就したい願いがあるときは、拝殿に上がって御祈願をおこなうとよいでしょう。それを昇殿参拝、もしくは正式参拝と言います。願いは神職を通して神様へ届けられます。

社務所で申し込みをおこない、どんなことを成就したいかを具体的に伝えます。御祈願の内容は祝詞になって神職によって奏上されます。神職の指示に従ってお祓いや玉串奉奠（お榊を神前にお供えする）などをおこないます。

◎お神札の祀り方

お神札は、神職が神前でお祓いと祈願をした神聖なものです。お受けしたら、神棚などの清浄な場所に祀ります。

神棚がない場合は、本棚やタンスの上など目線よりも上になる位置で、できればお神札が東や南を向くように祀ります。毎朝夕、二拝二拍手一礼してお祈りしましょう。榊を両脇に、毎朝お水を取り替えると丁寧です。＊神社にお札をおさめる額や置き台もありますので、神社の方に聞いてみましょう。

◎お神札の納め方

お神札は、一年に一度新しいものに替えましょう。初詣の時期には古いお神札やお守りを納める場所が設けられていますし、新しいお神札を受ける際に古いものを納めるとよいでしょう。

◎お礼参り

願いが叶ったら、お礼参りをすると、さらなるご加護があります。

◎お守りの扱い方

お守りは携帯用のお神札の役割をもっています。身につけるか、カバンの中に入れ、常にそばに置いておくようにしましょう。願いが叶ったら、お神札と同じように、神社でお焚き上げをしてもらいましょう。

三峯の一年（祭事暦）

三峯神社でおこなわれているお祭りの数は、年間約九十にも及びます。
（日々の日供祭や御祈願を除く）

お祭りは大祭、中祭、小祭があり、それに応じてどの階級の神職が祭主を務めるのか、何人の神職で執りおこなうか、どの祭服を身に着けるかが異なってきます。　＊太字は中祭以上を表す。

一月

一日　**歳旦祭・元旦祈願祭**
三日　**元始祭**
九日　水神祭
十四・十五日　御筒粥神事《おつつがゆしんじ》

二月

節分　節分祭（ごもっとも神事）
十日　恵美須祭
十一日　**紀元祭**
二十日　**祈年祭**
二十三日　**天長祭**《てんちょうさい》

三月

二十日　一社講社祭
二十日　大山祇神社祭
春分　祖霊社祭

四月

七日　日本武尊神社祭
八日　**例大祭**
二十九日　昭和祭

五月

八十八夜　嵐除祭
三日　奥宮山開祭

六月

一日　東照宮祭
第一日曜　奥秩父山開祭
十二日　竈三柱神社祭
三十日　道饗祭・夏越祓

七月

一日　摂末社祭

十五日　氷川神社祭
土用丑日　大日祭

八月
第一日曜日　七夕神事
八日　薬師神社祭
十五日　祖霊社祭
二十五日　菅原神社祭
第四日曜日　諏訪神社祭

九月
仲秋　月読祭（旧八月十五日）
二百十日　嵐除祭
秋分の日　祖霊社祭

十月
十三夜　月読祭（旧九月十三日）
九日　奥宮山閉祭
十七日　**神嘗祭**・伊勢両宮祭

十一月
二日　国常立神社祭
三日　**明治祭**
二十日　恵美須祭
二十三日　**新嘗祭**《にいなめさい》

十二月
二日　**冬期大祭**
十二日　竈三柱神社祭
三十一日　大祓《おおはらえ》・鎮火祭《ちんかさい》・除夜祭《じょやさい》

毎月一日・十五日　**月次祭**
毎月十日　**近宮御焚上祭**
毎月十九日　**遠宮御焚上祭**

◆祭りを分類してみると、おおよそ次のようになります。

・五穀豊穣の祈り……祈年祭、例大祭、新嘗祭
・御眷属への感謝の祈り……近宮御焚上祭、遠宮御焚上祭
・災難除けの祈り……嵐除祭、
・ご祭神へのお祀り……月次祭
・皇室と皇祖皇宗への感謝と日本国の繁栄と平和の祈り……明治祭、昭和祭、天長祭
・三峯神社をお守りいただいた代々の祖霊へのお祀り……祖霊社祭
・三峯神社にゆかりのある神社の祭り……国常立神社祭、恵比須祭
・山開き・山閉の祭り……奥宮山開祭、奥秩父山開祭
・三峯特有の神事（特殊神事）……御筒粥神事、ごもっとも神事
・年や季節の節目におこなわれる神事……歳旦祭、節分祭、夏越祭

三峯の表参道、五十二丁を登ろう

険しい山岳の地にある三峯神社。今のように車もなかったころ、人々は山中を歩いて三峯神社をめざしました。そのメインの登拝ルートが表参道です。先人たちはどのように歩いたのか、当時を偲びつつ、二時間半の長い参道を歩きました。

バス停「大輪」で下車。バスの進行方向へ目をやると「三峯神社」と書かれた白い鳥居が！　鳥居をくぐり、真っ赤な橋「登竜橋」を渡ります。川面を通ってきた風が吹いてきて、気持ちいい〜。橋を渡り終えた瞬間、空気が変わったのを感じました。まさに、聖域の入口なのですね。

しばらく歩くと「是より本社五十二丁」の古い石碑が見えてきました。ここが表参道五十二丁のスタート地点。がんばるぞ！

ちなみに、五十二丁の「丁」とは距離を表し、一丁は一〇九メートル強なので、五十二丁は約五・七キロメートルとなります。

三峯講の石碑群が見守る中を進んでいくと、やはりここは参道だな～と感じます。ところが三十分もしないうちに息苦しくなってきました。これはもう登山です。

山道を登り、小さな橋を渡り、また小さな橋を渡る。すると滝が！　これが噂に聞く「清浄ノ滝」。先人たちはこの滝で心身を清めて参拝したといいます。手を洗い、大きく深呼吸してマイナスイオンを胸いっぱいに取り込むと、鋭気と笑顔が蘇ってきました。さあ、先を急ごう！

ほぼ半分の二十五丁を越えたあたりから、道はさらに険しくなってきました。会話する余裕もなく、ひたすら地面を見詰め、急な斜面では、ところどころ地面から顔を出した根をつかみながら上へ上へと登ります。

ときどき山を下りてくる人とすれ違うのですが、今度は、おばあちゃんと男の子の二人連れ。杖をつきながら慎重に歩くおばあちゃんの足元を心配そうに見守る男の子。カメラを向けると、ピースと笑顔で応えてくれました。

「さあ！」と、気合いを入れたのもつかの間、急な斜面に息が切れはじめます。登山の重装備をした男性から、「この先は急な登りが続くよ。先はまだまだ長いよ」と言われ、思わ

ず目を合わせた私たち。黙々と一歩一歩、進みます。

時折、木々の隙間から向こうにそびえ立つ山々が見えると、ふ〜っと体がゆるみ、「もう少しだよ」と励まされている感じがします。

あたりが開けて明るくなったころ、「薬師堂・施宿供養塔」の看板が見えてきました。参拝を許可されなかった女性たちや病人、けが人、雪のために足止めを食らった人々のために無料で宿泊させた施設跡だと書かれてあります。医薬の神様・薬師様も祀られています。参拝者にとって、どれだけ心強かったことだろうと思います。

二十八丁の石碑を過ぎたあたりから、再びあたりが薄暗くなり、まだまだ続くであろう道に不安がよぎるものの、思うように登れません。かつて、ここには腰を後ろから押してくれる商売や駕籠かきまであったそうです。目の前で、「背中を押しましょうか」と言われたら、お願いしたに違いありません。

途中、こんな斜面にどうして建てたのだろうと思うような不思議な民家が！　あとで聞くと、かつては休憩所だったとか。人々の、休憩したいとの切なる願いが、難しい建築を可能にしたのでしょうね。

だんだんと気持ちに余裕ができ、ふわふわと手触りの良い藻を触ったり、風に癒されたり……。

立ち止まって見上げると、遠くに見覚えのあるものが～。遥拝殿です。ついに、ついに、たどり着きました。一歩一歩、遙拝殿に近づくほどに空気が変わっていく感じがします。きっとこれが霊氣です。だんだんと霊氣に包み込まれていくようです。

遙拝殿の前にたどり着くと、かわいいお犬さま像が迎えてくれました。随身門を下に見て、ようやく三峯神社にたどり着いたんだとの実感がわいてきました。

つい五十年前までは、こうして歩いて登った三峯神社。この日は秋晴れの恵まれた日でしたが、雨の日や雪の日もあったはずです。平地に神社があるのに、苦労をしてまで登った人々の気持ちはどういうものだったのでしょうか？　山深くにある神社が一千九百年もの歴史を重ねてきたそのことに、あらためて畏敬の念を感じた五十二丁登拝の体験でした。

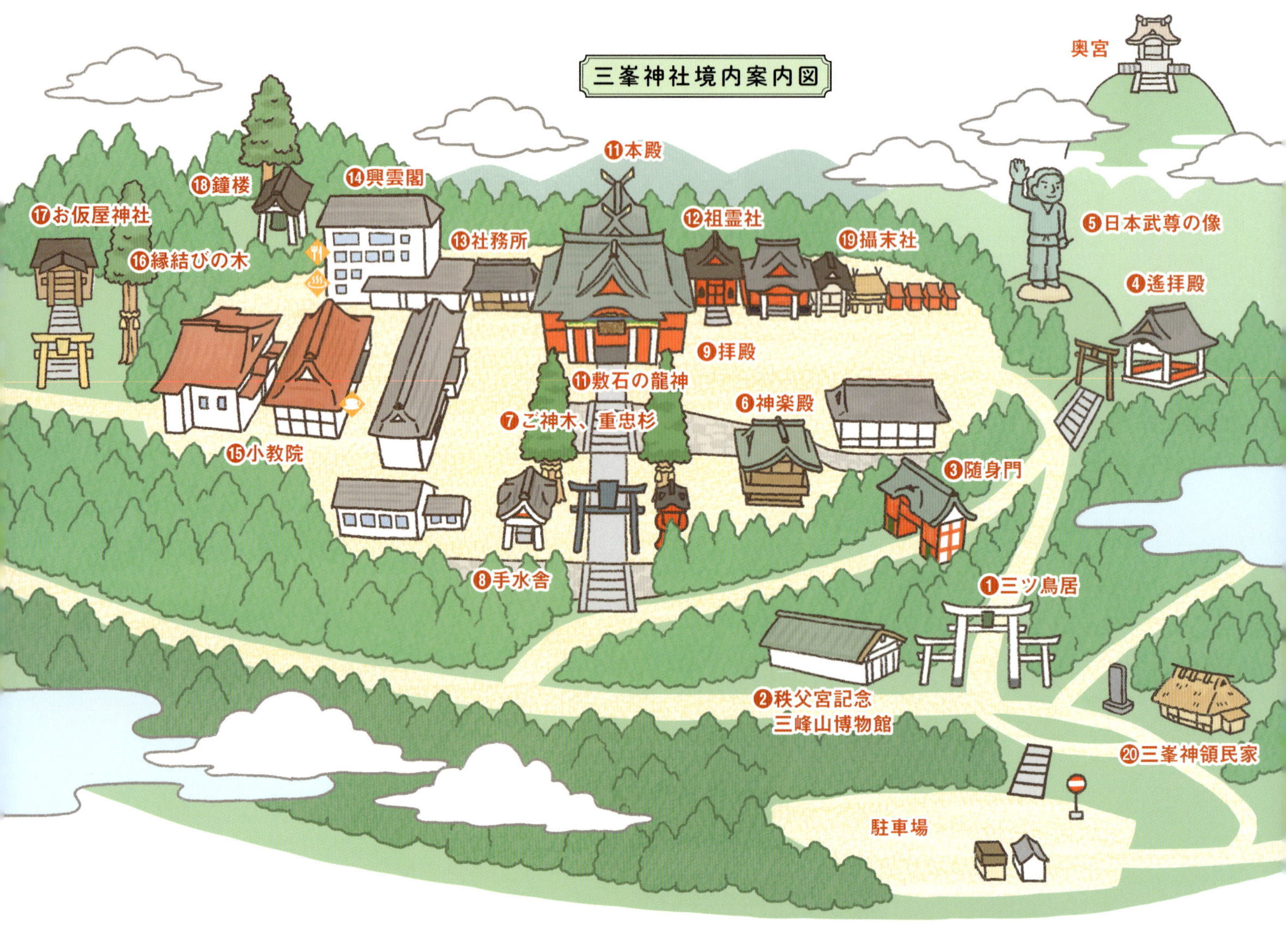

三峯神社境内案内図
奥宮
⓫本殿
⓮興雲閣
⓲鐘楼
⓱お仮屋神社
⓰縁結びの木
⓭社務所
⓬祖霊社
⓳摂末社
❺日本武尊の像
❹遙拝殿
❾拝殿
⓫敷石の龍神
❻神楽殿
❼ご神木、重忠杉
⓯小教院
❸随身門
❽手水舎
❶三ツ鳥居
❷秩父宮記念
三峰山博物館
⓴三峯神領民家
駐車場

❶三ツ鳥居

三峯神社の正門にあたる鳥居は三ツ鳥居といい、明神鳥居が三つ一列になるように組み合わさった形の珍しい鳥居です。これと同じ形の鳥居が奈良の大神（おおみわ）神社にありますが、一般人は見ることができません。

❷秩父宮記念三峰山博物館

三峯神社の歴史や三峯講の方々の登拝や参籠にかんする資料のほか、世界でも珍しいニホンオオカミの毛皮を展示。三峯神社と関係の深い秩父宮様のゆかりの品々も常設。

❸随身門

参道の途中にある極彩色の山門で、高さ十六メートルもあります。江戸時代中期に建てられたもので、門の両脇には今は、弓矢を持ち、太刀を指した随身像がありますが、かつては憤怒の形相をした仁王像が安置されていました。

❹遙拝殿

三峯神社奥宮を遙拝するために建てられたもので、正面の岩山の頂きに奥宮があります。ここからは下界が一望でき、遠くに秩父市内が見えます。むかし表参道（山道）から登って来た人はここから三峯神社に入りました。

❺日本武尊の像

参道を進んだ先の高台に立つ、五・二メートルもの銅像。三峯神社は、はるか昔、この山に入られた日本武尊が、伊弉諾尊と伊弉冉尊による国産みの偉業をしのんで、二神をお祀りになられたことから始まるとされています。このときに道案内をしたのが狼です。

❻神楽殿

氏子である滝ノ沢地区の人々によって舞い継がれてきた神楽を奉納する場所。この神楽は、日本の神話を題材とし、動きが激しいことから「滝ノ沢の横っ飛び」と言われます。吉川英治の『宮本武蔵』には、この舞を見て武蔵は二刀流を思いついたとあります。

❼ご神木、重忠杉

拝殿の前にそびえ立つ二本のご神木は、鎌倉時代の名高い武士、畠山重忠が寄進した杉の木で、樹齢八百年と言われます。この木に触れるとパワーがみなぎるとのことで、多くの参拝者がご神木の氣をいただいて帰られます。

❽手水舎

拝殿に向かう階段の脇に美しい彫り物が施された手水舎があります。龍が今にも動き出しそうな彫り物など、手水舎としては珍しい作りです。

⑨拝殿

約二百年前の建物で、奥にある本殿に向かって、日々のお祀りや御祈願、神事の多くが執りおこなわれます。天井には三峯山の植物の絵が描かれています。欄干には極彩色の彫り物がほどこされています。

⑩敷石の龍神

拝殿前の石畳にある龍神は、誰かが描いたものではなく、自然と浮き上がってきたもので、二〇一二年の辰年に発見されました。写真に撮ってパソコンの壁紙やスマホの待ち受け画面にすると縁起が良いと、人々の間で広がっています。

⑪本殿

三峯神社の主祭神である伊弉諾尊と伊弉冉尊をお祀りしています。今から約三百六十年も前の江戸初期の建造物です。

⑫祖霊社

長い歴史をもつ三峯山を守り伝えてきた人々や信仰を支えてきた講の役員の方々の御霊をお祀りしています。神社で祖霊をお祀りするのはとても珍しいそうです。

⑬社務所

神社の事務をおこなう所で、神主さんや巫女さんもここにいます。祈願の受付や、お札やお守りもここで受けます。

⑭興雲閣

三峯神社が運営する宿坊（宿泊施設）です。一階には、フロントのほか、食堂や土産物売り場、休憩所があります。温泉「三峯神の湯」も館内にあり、日帰り入浴できます。

⑮小教院

アンティークなたたずまいのカフェは、明治以前はお寺の本殿でした。神仏混交時代の名残です。それを改装して今の形に。お山で湧く水でいれたコーヒーは格別。そのほか、カップル向けのジュースなどもあります。

⑯縁結びの木

二つの木が一つになったことから「縁結びの木」と呼ばれるようになったご神木です。ご神木に素敵な人と結ばれるように祈ります。好きな人の名前を書いて納める木箱が据え付けられています。

⑰お仮屋神社

三峯神社の御眷属であるお犬様（狼）をお祀りしている神社です。最近は境内の新しいパワースポットとして話題になり、参拝に訪れる人々も多くなりました。火難や盗難に霊験があると言われます。

⑱鐘楼

神社に鐘があることも珍しいことで、これは江戸時代、南部山城守より奉納のもので、今でも毎日、朝と夕方の二回、神職が鐘をついています。

⑲攝末社

拝殿のそばには三峯神社と縁の深い神々をお祀りしている二十四の攝末社（摂社と末社）があります。二〇一七年に塗り替えられたばかりです。

⑳三峯神領民家

ついひと昔前までは、三峯神社の周辺には、神領の民といわれ、神社を支える人々が家を構え、住んでいました。

あとがき

霧の中の三峯、木漏《こも》れ日が眩《まぶ》しい色鮮やかな三峯、
雨にしとしと鎮まる三峯、そして雪景色。
どんな日も御神木を見上げると、
神々しく輝く拝殿が迎え入れてくれる。
礼拝した後、三峯の目に見えない、
霊氣、神氣に導かれるままにシャッターを切る。

目に見える美しさ以上に、目に見えない三峯の神秘を写真に収めることを心がけました。

三峯神社との出会いから七年、三峯に宿る神様にこの瞬間を撮りなさい!と、うながされシャッターを切ることが何度もありました。
誰もいない森の雪の中でお犬さま達がそばで寄り添い「こっちだよ」と、導いてくれているような感覚に陥ったり、雲が一面にかかる夜、星空を待って諦めかけたその時!雲がさあっと消え満天の星が現れたり、風が吹き込む方向へカメラを向けた途端に大きな光が差し込んできたり、語り尽くせない感謝の場面の数々。
この本の中にはそんな神様のご褒美のような一瞬がたくさん収まっています。
この貴重な体験は私の宝物です。『三峯神社』に携われたことに感謝申し上げます。

写真家　山崎エリナ

山崎エリナ　やまさき・えりな

兵庫県神戸市出身。一九九五年渡仏、パリを拠点に三年間の写真活動。世界四十カ国以上を撮影し、エッセイを執筆。話題となったＮＨＫスペシャル「世界初撮影！深海の超巨大イカ」では深海チーム一員としてダイオウイカを追いスチール担当を務める。

著書に、『iceland blue』（学研）、『「ただいま」「おかえり」』（小学館）、『Saudade』、『アンブラッセ〜恋人たちのパリ』（ポプラ社）、『ダイオウイカと深海の生物』（学研）などがある。

三峯神社

平成30年5月16日　初版発行
令和 6年5月15日　2刷発行

写　真　山崎エリナ
協　力　三峯神社

装　幀　長坂勇司（nagasaka design）

イラスト　川瀬ホシナ（112p境内案内図）
写真提供　黒澤誠（24p）
編集・構成　良本和恵

発行者　良本光明
発行所　株式会社グッドブックス
電　話　03-6262-5422
ＦＡＸ　03-6262-5423
HP　http://www.good-books.co.jp

印刷製本　精文堂印刷株式会社

ISBN　978-4-907461-17-1